LA MUJER DEL RÍO

WOMAN OF THE RIVER

La mujer del río

Claribel Alegría
Traducción de D. J. Flakoll

University of Pittsburgh Press

Woman of the River

Claribel Alegría
Translated by D. J. Flakoll

University of Pittsburgh Press

Published by the University of Pittsburgh Press, Pittsburgh, Pa. 15260
Copyright © 1989, Claribel Alegría
All rights reserved
Feffer and Simons, Inc., London
Manufactured in the United States of America

Library of Congress Cataloging-in-Publication Data

Alegría, Claribel.
  Woman of the river.

  (Pitt poetry series)
  1. Central America—Politics and government—
Poetry. I. Title. II. Series.
PR9298.9.A44W6 1988   811   88-4775
  ISBN 0-8229-3594-5
  ISBN 0-8229-5409-5 (pbk.)

The publication of this book is supported by grants from the National Endowment for the Arts in Washington, D.C., a Federal agency, and the Pennsylvania Council on the Arts.

*"And how can we sing with a
foreign foot over our heart?"*
—Salvatore Quasimodo

Índices

Contents

LA MUJER DEL RÍO

WOMAN OF THE RIVER

Aunque dure un instante

—á Bud

Ahora,
mientras el río de obsidiana
nos refleja,
quiro hablarte de amor,
de nuestro amor,
de los diversos hilos
de su trama,
del amor que se toca
y es herida
y que también es vuelo
y es vigilia.
Sin él,
el verde de las hojas
no tendría sentido,
ni el farol de la calle
iluminando el agua,
ni la imagen ondeante
de la iglesia.
Mi amor es la escudilla
en la que tú dejaste una moneda,
la moneda tañéndome que existo,
la trenza que forjan las palabras,
el vino,
el mar desde la mesa,
los malentendidos,
los días
en que nos damos cuenta
que ya no somos uno,
que estamos alejados
irremediablemente.
Ayer,
desde mi exilio,
inventé que llegabas.

Though It Only Lasts an Instant

—to Bud

Now,
while the obsidian river
reflects our image
I want to speak to you of love,
of our love
of the different threads
of its pattern,
of the love you can touch
that is a wound
and also soaring flight
and wakefulness.
Without it,
the green of these leaves
would have no meaning,
nor that streetlight
shining on the water,
nor the undulating image
of the church.
My love is the begging cup
where you tossed a coin—
it's the coin tinkling *I exist*,
the braid woven by our words,
the wine
and the sea from our table,
it's the misunderstandings,
the days we realize
we are no longer one,
that we are irremediably apart.
Yesterday,
from my exile,
I invented your arrival.

Salí del hielo,
espanté pingüinos,
desplacé a las estrellas
acechando tu desembarco.
Quería ayudarte a plantar banderas,
celebrar de rodillas
el milagro.
Ahí quedé
con mis señales.
¿Te sorprende mi vértigo?
Estoy hablando de eso:
de la alegre punzada
de saber que sí,
que de pronto es verdad,
que no estoy sola,
que estamos juntos bajo el árbol
con mi mano en tu mano,
que nos refleja el río,
que ahora,
en este instante,
en este ahora,
aunque dure un instante,
estás conmigo.

I broke through the ice,
startling the penguins,
scattering the stars
to await you.
I wanted to help you plant banners,
kneel beside you
to celebrate the miracle.
There I remained
with my flags.
Does my vertigo surprise you?
I'm talking about this:
the joyful stab
of knowing, yes,
that suddenly it's true,
that I am not alone,
that we are together beneath this tree
with my hand in yours,
that the river reflects us,
that now,
in this now,
in this instant,
though it only lasts an instant,
you are with me.

Y soñe que era un árbol

—á Carole

Y soñé que era un árbol
y que todas mis ramas
se cubrían de hojas
y me amaban los pájaros
y me amaban también
los forasteros
que buscaban mi sombra
y yo también amaba
mi follaje
y el viento me amaba
y los milanos
pero un día
empezaron las hojas
a pesarme
a cubrirme las tardes
a opacarme la luz
de las estrellas.
Toda mi savia
se diluía
en el bello ropaje
verdinegro
y oía quejarse a mi raíz
y padecía el tronco
y empecé a despojarme
a sacudirme
era preciso despojarse
de todo ese derroche
de hojas verdes.
Empecé a sacudirme
y las hojas caían.
Otra vez con más fuerza
y junto con las hojas que importaban apenas
caía una que yo amaba:

And I Dreamt I Was a Tree

—to Carole

And I dreamt I was a tree
with leafy branches
and the birds loved me
and the strangers
who sought my shade
loved me
and I loved my foliage,
the wind loved me
and so did the hawks
but one day
my leaves began
to weigh on me,
to obscure my afternoons
and filter out starlight.
All my sap
was thinned
for my lovely
dark green drapery
and I heard my roots groan
and my trunk ached
and I began to disrobe
to shake myself
I had to free myself
of all that extravagance
of green leaves.
I began to shake myself
and the leaves fell.
Again more strongly
and along with the leaves that scarcely mattered
fell one I loved:

7

un hermano
un amigo
y cayeron también
sobre la tierra
todas mis ilusiones
más queridas
y cayeron mis dioses
y cayeron mis duendes
se iban encogiendo
se arrugaban
se volvían de pronto
amarillentos.
Apenas unas hojas
me quedaron:
cuatro o cinco
a lo sumo
quizá menos
y volví a sacudirme
con más saña
y esas no cayeron
como hélices de acero
resistían.

a brother
a friend
and all my most cherished illusions
fell to the ground
and my gods fell `
and my friendly spirits
shriveled
and grew wrinkled
and turned yellow.
Scarcely any leaves
were left me:
four or five at most
maybe fewer
and I shook myself again
more furiously
and they didn't fall:
like steel propellors
they held fast.

Desde el puente

He salido por fin
me ha costado salir
casi al final del puente
me detengo
el agua corre abajo
es un agua revuelta
arrastrando vestigios:
la voz de Carmen Lira
rostros que yo quería
y que pasaron.
Desde aquí
desde el puente
la perspectiva cambia
miro hacia atrás
hacia el comienzo:
la silueta indecisa
de una niña
de la mano le cuelga
una muñeca
la ha dejado caer
viene hacia mí la niña
ya es una adolescente
se recoge el cabello
y reconozco el gesto.
Detente ahí muchacha
si te acercas ahora
sería difícil conversar:
don Chico ya murió
después de siete operaciones
lo dejaron morir
en un pobre hospital
cerraron el colegio de Ricardo
y él también murió
durante el terremoto

From the Bridge

I have freed myself at last
it has been hard to break free:
near the end of the bridge
I pause
the water flows below
a turbulent water
sweeping fragments with it:
the voice of Carmen Lira
faces I loved
that disappeared.
From here
from the bridge
the perspective changes
I look backward
toward the beginning:
the hesitant silhouette
of a little girl
a doll
dangling from her hand
she lets it drop
and walks toward me
now she's an adolescent
gathers up her hair
and I recognize this gesture
stop girl
stop right there
if you come any closer
it will be difficult to talk
Don Chico died
after seven operations
they let him die
in a charity hospital
they closed Ricardo's school
and he died
during the earthquake

le falló el corazón
¿recuerdas la masacre
que dejó sin hombres
a Izalco?
tenías siete años
¿cómo podré explicarte
que no ha cambiado nada
y que siguen matando diariamente?
Más vale que no sigas
te recuerdo bien a esa edad
escribías poemas almibarados
sentías horror por la violencia
enseñabas a leer
a los niños del barrio.
¿Qué dirías ahora
si te contara que Pedro
tu mejor alumno
se pudrió en una cárcel
y que Sarita
la niña de ojos zarcos
que se inventaba cuentos
se dejó seducir
por el hijo mayor
de sus patrones
y después se vendía
por dos reales?
Has dado un paso más
llevas el pelo corto
y algunos textos
bajo el brazo
pobre ilusa
aprendiste la consolación
de la filosofía
antes de entender

his heart failed.
Do you remember the massacre
that left Izalco without men?
You were seven.
How can I explain to you
nothing has changed
they keep on killing people daily?
It's better if you stop there
I remember you well at that age
you wrote honeyed poems
were horrified by violence
taught the neighborhood children
to read.
What would you say
if I told you that Pedro
your best student
rotted in jail
and that Sarita
the little blue-eyed girl
who made up stories
let herself be seduced
by the eldest son
of her employers
and afterwards sold herself
for twenty-five cents?
You've taken another step
you wear your hair short
have textbooks under your arm
poor deluded thing
you learned the consolations
of philosophy
before understanding

de qué había que consolarse
tus libros te hablaban
de justicia
y cuidadosamente omitían
la inmundicia que nos rodea
desde siempre
tú seguías con tus versos
buscabas el orden en el caos
y ese fue tu norte
o quizá tu condena
Te acercas más ahora
cuelgan niños de tus brazos
es fácil distraerse
con el papel de madre
y reducir el mundo
a un hogar.
Detente
no te acerques
aún no podrías reconocerme
aún tienes que pasar
por las muertes de Roque
de Rodolfo
por todas esas muertes
innumerables
que te asaltan
te acosan
te definen
para poder vestir este plumaje
(mi plumaje de luto)
para mirar con estos ojos
despiadados
escrutadores
para tener mis garras
y este pico afilado.

14

why you had to be consoled
your books spoke to you
of justice
and carefully omitted
the filth
that has always surrounded us
you went on with your verses
searched for order in chaos
and that was your goal
or perhaps your sentence.
You are coming closer now
your arms filled with children
it is easy to distract yourself
playing mother
and shrink the world
to a household.
Stop there
don't come any closer
you still won't recognize me
you still have to undergo
the deaths of Roque
of Rodolfo
all those innumerable deaths
that assail you
pursue you
define you
in order to dress in this plumage
(my plumage of mourning)
to peer out
through these pitiless
scrutinizing eyes
to have my claws
and this sharp beak.

Nunca encontré el orden
que buscaba
siempre un desorden siniestro
y bien planificado
un desorden dosificado
que crece en manos
de los que ostentan el poder
mientras los otros
los que claman
por un mundo más justo
con un menos de hambre
y un más de esperanza
mueren torturados
en la cárcel.
No te acerques más
hay un tufo a carroña
que me envuelve.

I never found the order
I searched for
but always a sinister
and well-planned disorder
a prescribed disorder
that increases in the hands
of those who hold power
while the others
who clamor for
a more kindly world
a world with less hunger
and more hope
die tortured
in the prisons.
Don't come any closer
there's a stench of carrion
surrounding me.

Mater Potens

Hoy el día empezó
con tus ojos brillando
en el espejo
tu ternura entreabierta
enredada a mis ojos
me recorrió la piel
abrí los brazos
como tú
alzando el corazón
recogí con tus dedos
las miguitas de pan
en el mantel
hice una lira
un perro
un caracol
volvió ese verso terco
a importunarme
y por largo rato te olvidé
sacudí las alfombras
recordé a la hija
a punto de ser madre
descifré algunos sueños
escuché a las hojas
muriéndose de frío
y me senté a jugar
un solitario
tú pusiste esa jota
bajo la reina negra
como en álbum abierto
repasé tus recuerdos
rostros que apenas vi
en desteñidas fotos
de mi infancia
sonreí

Mater Potens

Today the morning began
with your eyes sparkling
in the mirror
your tenderness budding
in my eyes
made my skin tingle—
I opened my arms
the way you did
uplifting my heart
I gathered bread crumbs
from the tablecloth:
with your fingers
I sculpted a lyre
a dog
a snail shell
then the verses
were hounding me again
for a long time I forgot you
I shook the rugs
remembered the daughter
who will soon be a mother
deciphered some dreams
listened to the leaves
dying of cold
and sat down to play
a game of solitaire
you put the jack
below the black queen
I leafed through your memories—
like an open album:
faces I scarcely saw
in faded photographs
from my childhood
I smiled

sonreíste
hiciste preguntas
sobre mí
sobre ti
sobre mis hijas
empezaron a mezclarse las preguntas
me levanté sonámbula
me llevaste al espejo
tus ojos de anaconda
de nuevo fijos sobre mí
mis ojos de anaconda
sobre la que está a punto
de iniciarse
queriendo cautivarla
hipnotizarla
enrollarla a lo largo
de todos los anillos.

you smiled
you asked questions
about me
about yourself
about my daughters
the questions became jumbled
I arose sleepwalking
you led me to the mirror
your anaconda eyes
once more fixed on me
my anaconda eyes
on the one who will soon
be initiated
trying to captivate her
hypnotize her
wrap her in the embrace
of all my coils.

Documental

Sé conmigo una cámara.
Fotografiemos la guarida,
la hormiga reina
expulsando sacos de café,
nuestro país.
Estamos en el corte.
Enfoca sobre esa familia que duerme
obstruyendo la zanja.
Ahora,
en medio de los árboles:
los dedos rápidos,
morenos,
manchados de miel.
Cambia de cuadro:
la fila de hombres hormiga
que bajan la quebrada
con sacos de cereza.
Un contraste:
muchachas vestidas de colores
ríen, charlan,
recogen granos
en canastos.
Más cerca.
Un close-up de la madre encinta
dormitando en la hamaca.
Enfoca bien las moscas
que salpican su rostro.
Corta.
La terraza de mosaicos lustrados
protegida del sol.
Criadas de cofias blancas
nutren a las damas
que juegan canasta,

Documentary

Come, be my camera.
Let's photograph the ant heap
the queen ant
extruding sacks of coffee,
my country.
It's the harvest.
Focus on the sleeping family
cluttering the ditch.
Now, among trees:
rapid,
dark-skinned fingers
stained with honey.
Shift to a long shot:
the file of ant men
trudging down the ravine
with sacks of coffee.
A contrast:
girls in colored skirts
laugh and chatter,
filling their baskets
with berries.
Focus down.
A close-up of the pregnant mother
dozing in the hammock.
Hard focus on the flies
spattering her face.
Cut.
The terrace of polished mosaics
protected from the sun.
Maids in white aprons
nourish the ladies
who play canasta,

celebran invasiones
y se duelen de Cuba.
Izalco duerme
bajo el ojo del volcán.
Un rugido subterráneo
lo sacude.
Con su carga de sacos,
camiones y carretas
chirriando cuesta abajo.
Además de café
se siembran ángeles
en mi país.
Un coro de niños
y mujeres,
con el cajoncito blanco
se apartan respetuosos
mientras pasa el café.
Las mujeres del río
lavan su ropa
desnudas hasta la cintura.
Canjean los choferes
alegres obscenidades
por insultos.
En Panchimalco,
padeciendo que cruce la carreta,
un campesino
con las manos atadas
por los pulgares
y su escolta de guardias,
pestañea al avión:
abeja rebosante
de caficultores
y turistas.
Se detiene el camión en el mercado.

celebrate invasions
and feel sorry for Cuba.
Izalco sleeps
beneath the volcano's eye.
A subterranean growl
makes the village tremble.
Trucks and ox-carts
laden with sacks
screech down the slopes.
Besides coffee
they plant angels
in my country.
A chorus of children
and women
with the small white coffin
move politely aside
as the harvest passes by.
The riverside women,
naked to the waist,
wash clothing.
The truck drivers
exchange jocular obscenities
for insults.
In Panchimalco,
waiting for the ox-cart to pass by,
a peasant
with hands bound behind him
by the thumbs
and his escort of soldiers
blinks at the airplane:
a huge bee
bulging with coffee growers
and tourists.
The truck stops in the market place.

Un panorama de iguanas,
gallinas,
tasajo,
canastos,
rimeros de nances,
nísperos,
naranjas,
zunzas,
zapotes,
quesos,
perros, pupusas, jocotes,
bananas,
olores ácidos,
melcochas,
orines, tamarindos.
El café doncella
baila en el beneficio.
Lo desnudan,
lo violan,
lo tienden en los patios
y se adormece al sol.
Las bodegas oscuras
se iluminan.
Desprende el café oro
reflejos de malaria,
de sangre,
de analfabetismo,
de tuberculosis,
de miseria.
Sale rugiendo
el camión
de la bodega.
Bramando cuesta arriba
sofoca la lección:

A panorama of iguanas,
chickens,
strips of meat,
wicker baskets,
piles of *nances,*
nísperos,
oranges,
zunzas,
zapotes,
cheeses,
bananas,
dogs, *pupusas, jocotes,*
acrid odors,
taffy candies,
urine puddles, tamarinds.
The virginal coffee
dances in the millhouse.
They strip her,
rape her,
lay her out on the patio
to doze in the sun.
The dark storage sheds
glimmer.
The golden coffee
sparkles with malaria,
blood,
illiteracy,
tuberculosis,
misery.
A truck roars
out of the warehouse.
It bellows uphill
drowning out the lesson:

27

A de alcoholismo,
B de bohío,
C de cárcel,
D de dictadura,
E de ejército,
F de feudo de catorce familias
y etcétera, etcétera, etcétera.
País etcétera,
país llaga,
niño,
llanto,
obsesión.

A for alcoholism,
B for batallions,
C for corruption,
D for dictatorship,
E for exploitation,
F for the feudal power
of fourteen families
and etcetera, etcetera, etcetera.
My etcetera country,
my wounded country,
my child,
my tears,
my obsession.

The American Way of Death

—á Erik

Si arañas día y noche la montaña
y acechas detrás de los arbustos
(la mochila-fracaso va creciendo,
abre grietas la sed en la garganta
y la fiebre del cambio
te devora)
si eliges la guerrilla,
ten cuidado,
te matan.

Si combates tu caos
con la paz,
la no violencia,
el amor fraternal,
las largas marchas sin fusiles
con mujeres y niños
recibiendo escupidas en la cara,
ten cuidado,
te matan.

Si tu piel es morena
y vas descalzo
y te roen por dentro los lombrices,
el hambre,
la malaria:
lentamente te matan.

Si eres negro de Harlem
y te ofrecen canchas de fútbol
con el suelo de asfalto,
un televisior en la cocina
y hojas de marihuana:
poco a poco te matan.

The American Way of Death

—to Erik

If you claw the mountain day and night
and lie in ambush behind the shrubs
(the backpack of failure growing heavier,
thirst opening cracks in your throat
and the fever for change
devouring you)
if you choose the guerrilla path,
be careful,
they'll kill you.

If you combat your chaos
through peace,
nonviolence,
brotherly love,
long marches without guns,
with women and children
being spat at in the face,
be careful,
they'll kill you.

If your skin is dark
and you go barefoot
and your insides are gnawed by worms,
hunger,
malaria:
slowly they'll kill you.

If you are a black from Harlem
and they offer you football fields
paved with asphalt,
a television in the kitchen
and joints of marijuana:
little by little they'll kill you.

Si padeces de asma,
si te exaspera un sueño
—ya sea en Buenos Aires
o en Atlanta—
que te impulsa de Montgomery
hasta Memphis
o a cruzar a pie la cordillera,
ten cuidado:
te volverás obseso
y sonámbulo
y poeta.

Si naces en el ghetto
o la favela
y tu escuela es la cloaca
o es la esquina,
hay que comer primero,
luego pagar la renta
y con el tiempo que te sobra
sentarte en el andén
y ver pasar los coches.

Pero un día te llega la noticia,
corre la voz,
te la da tu vecino
porque tú no sabes leer
o no tienes un cinco
para comprar el diario
o el televisor se te ha jodido.
De cualquier modo
te llega la noticia:
lo han matado,
sí,
te lo han matado.

If you suffer from asthma,
if a dream exasperates you
—whether in Buenos Aires
or Atlanta—
that takes you from Montgomery
to Memphis
or across the Andes on foot,
be careful:
you'll become obsessed,
a sleepwalker
a poet.

If you are born in the ghetto
or shantytown
and your school is the gutter
or the street corner,
first of all you must eat,
then pay the rent
and in the time left over
sit on the curb
and watch the cars go by.

But one day the news reaches you,
the word spreads,
your neighbor tells you
because you can't read
or don't have a dime
to buy the newspaper
or the television is screwed up.
Whichever way,
you learn the news:
they've killed him,
yes,
they've killed another one.

Despedidas

—Es hora de tu siesta—
digo mirando a hurtadillas
el reloj
—sí—
me miras con ojos que no enfocan
te quito los zapatos
las peinetas
te cubro con la sábana
y te beso la frente
las maletas me esperan
medio abiertas
meto un libro
un regalo
las pantuflas
Alberto saca el auto
acelera el motor
con impaciencia
bajo la escalera
a tropezones
me detengo a tu puerta
¿la abro?
por la rendija espío
quiero verte otra vez
una última vez
quiero llorar
velarte
escaparme volando
acunarte en mis brazos.
A solas con Alberto
¿cómo podrá decirle?
¿Qué es lo que tengo
que decirle?

Farewells

"It's your siesta time"
I say with a stealthy glance
at the clock
"Yes"
you look at me with unfocused eyes
I take your shoes off
remove your combs
cover you with the sheet
and kiss your forehead
the suitcases await me
only half packed
I wedge in a book
a gift
bedroom slippers
Alberto backs the car out
hits the gas pedal
impatiently
half-stumbling
I go down the stairway
and stop at your door
should I open it
shouldn't I?
I peer through the crack
I have to see you again
one last time
I want to weep
watch over you
flee from you
cradle you in my arms.
Alone with Alberto
how can I tell him?
What is it
I have to tell him?

anoche
mientras deshojábamos tamales
y se impregnaba el aire
de un olor a lorocos
supe que era preciso
que no podía irme
sin hacerlo
pero estaban sus hijos
los rostros de sus hijos
las frases ya compuestas
para ser disparadas
y sobre todo tú
tu desamparo.
Buscamos acercarnos
en recuerdos de infancia
los silencios son bruscos
se me forma en los labios
la frase necesaria
hemos llegado al Congo
es el camino viejo
de cuando éramos niños
detiene al auto en un recodo
son las mismas mujeres
con sus ventas
los mismos rostros fatigados
los mismos niños sucios
que se acercan
la misma tristeza incontenible.
¿Cómo es posible que no vea
toda esa miseria acumulada
que no escuche ese llanto
escondido detrás de los pregones
que no acepte el mensaje
de esos ojos?

Last night
while we unwrapped tamales
and the air filled
with an odor of *lorocos*
I knew I couldn't go
without telling him
but his boys were there
with their ready-made phrases
waiting to spit them out
and above all you
your helplessness.
We tried to bridge the gap
with childhood memories
silences are brusque
the necessary phrase
forms on my lips
we've reached El Congo
by the old road
the one we used when young
the car stops at a bend
they are the same women
with their sales baskets
the same weary faces
the same dirty children
who draw near
the same uncontrollable sadness
how is it possible he doesn't see
all this accumulated misery
doesn't hear the wailing
hidden in the hawker's cries
doesn't accept the message
of these eyes?

Vuelve a arrancar el auto
tú dormida allá lejos
con tu muerte creciendo
Alberto amonestándome
a no sembrar más odios
con escritos
yo con la frase pronta
que se niega a salir.

The car starts up again
you're asleep far away
with your death growing
Alberto lecturing me
to stop sowing hatred
with my writings
I with my ready phrase
caught in my throat.

Bus Stop

En mangas de camisa
bajo la lluvia terca
también espera el bus
vuelve a entrar
me sonríe
siguen pasando buses
¿lo tomaremos juntos?
otros cuerpos me empujan
luminosa la luz
de tu sonrisa
abro el bolso
y saco un cigarrillo
tú te acercas
lo enciendes
nuestras pieles se rozan
conspiramos
sales de nuevo
entras
hay surcos en tu rostro
quizá también te gusten
los mercados
meterse en el mercado
es meterse en el mundo
tu andar es de marino
me invitarás a tomar
una cerveza
y exploraremos juntos
el nuevo laberinto
la espera ha sido larga
te estás volviendo cano
otro bus que se acerca
el 105
el mío

Bus Stop

Shirt-sleeved
under the steady rain
you also await the bus
step under the shelter
smile at me.
The buses keep passing
will we board the same one?
Other bodies jostle me
your smile
lights up your face
I open my purse
and take out a cigarette
you draw near
light it
your hands brush mine
we conspire together
you step out again
return
there are lines in your face
perhaps you also like marketplaces
wandering through them
is like wandering through the world
you walk like a sailor
you'll invite me
to have a beer
to explore the new labyrinth
side by side
the waiting has been long
you are turning gray
another bus is coming
the 105
it's mine

éramos inocentes al comienzo
compartimos la espera
la esperanza
todo se reduce a un instante:
me llevaré conmigo tu sonrisa
tu mirada de amor
que me redime.

we were innocent at the beginning
we shared the waiting
the hope
it all happened in a moment:
I'll take your smile with me
the love in your eyes
that redeems me.

Mi paraíso de Mallorca

Todas las noches
en mi paraíso de Mallorca
surgen nuevos fantasmas:
oscuras quejas enredadas
al canto de los ruiseñores,
llantos de niño,
miradas de veinte años
ya marchitas
que me opacan el cielo.
Es verano
y el mar está tibio
y huele a algas
y hay deseo en las cuencas
de tus ojos
y otro oleaje verde
de otro mar
de mi infancia
me golpea en el pecho
un veintidós de febrero por la tarde,
al otro día de morir Sandino
y yo no sabía
quién era Sandino
hasta que me padre
me explicó
mientras saltábamos sobre las olas
y yo nacía.
Fue entonces que nací.
Como Venus,
vi por primera vez la luz
entre la espuma.
Antes era una hierba,
una espiga alocada
que flotaba en el viento,

My Paradise in Mallorca

Each night
in my paradise in Mallorca
new phantoms surge up:
mournful, tangled moans,
the song of nightingales,
the wailing of a child,
the ancient eyes
of twenty-year-olds
that darken my sky.
It is summer
and the sea is warm
and smells of seaweed
and there is desire in the sockets
of your eyes
and another green swell
from the other sea
of my childhood
sweeps over my breast
one February 22
the day after Sandino died
and I didn't know
who Sandino was
until my father
explained
while we breasted the waves
and I was born.
It was then I was born.
Like Venus,
for the first time I saw light
through the foam.
Before, I was a plant,
a reckless tendril
that bent with the wind,

un par de ojos incontaminados
y vacíos.
Salí del mar
—mi mano entre la mano de mi padre—
odiando al ministro yanqui
y a Somoza
y esa misma noche
hice un pacto solemne
con Sandino
que no he cumplido aún
y por eso me acosa
su fantasma
y llega hasta mí el hedor
a represión
y no sólo es Sandino,
hice también un pacto
con los niños pobres de mi tierra
que tampoco he cumplido.
Cada cinco minutos
muere de hambre
un niño
y hay crímenes
y ghettos
y más crímenes
que a título del orden
se cometen,
de la ley y del orden
y aunque el mar esté tibio
y yo te ame
mi paraíso de Mallorca
es un cuarto cerrado
y todas las noches se puebla de fantasmas.

a pair of uncontaminated
empty eyes.
I came out of the sea
—my hand in my father's hand—
hating the Yankee minister
and Somoza
and that same night
I made a solemn pact
with Sandino
which I have not yet fulfilled
and that's why his phantom
pursues me
and the stench of repression
assails me
and it's not only Sandino,
I also made a pact
with the poor children of my country
which I also haven't fulfilled.
A child
dies of hunger
every five minutes
and there are crimes
and ghettos
and more crimes
committed in the name of order
in the name of law and order
and although the sea is warm
and I love you,
my paradise in Mallorca
is a closed room
that each night is peopled with phantoms.

Aún no

Aún no
no puedo entrar aún
aún me está prohibido
hundirme en tus caminos
entregarme a tus ríos
contemplar tus volcanes
descansar a la sombra
de mi ceiba.
Desde afuera te miro
mi corazón te mira
desde afuera
apretado te mira
en el recuerdo
entre las vacilantes rejas
del recuerdo
que se abren
se cierran
ondean en mis lágrimas.
Es difícil cantarte
del exilio
difícil celebrar
tu nebuloso mapa
accidentado.
No puedo hacerlo aún
un áspero graznido
me cierra la garganta.
Es difícil cantarte
cuando una bota gruesa
de clavos extranjeros
te desgarra la piel
y te desangra.

Not Yet

Not yet
I can't go back yet
I am still forbidden
to plunge into your roads
to yield to your rivers
to contemplate your volcanos
to rest in the shade
of my tree.
From abroad I see you
my heart watches you
from abroad
constricted, watches you
in memories
between wavering bars
of memory
that widen
and close,
ebb and flow in my tears.
It is difficult to sing you
from exile
difficult to celebrate
your nebulous
jagged map.
I can't do it yet
a dry sob
sticks in my throat.
It is difficult to sing you
when a heavy boot
with foreign hobnails
tears your bleeding flesh.

Salto mortal

—á Eraclio Zepeda

Oscilaba hacia el suelo
zigzagueaba
pensé que era una pluma
el ala desprendida
de alguna mariposa.
Sólo era un papelito
que entró por mi ventana
un papelito tuyo
un mensaje cifrado
que yo no fui capaz
de descifrar.
A menudo el cartero
me entregaba en París
tus papeles de Praga:
recetas de cocina cuscatlecas
con olor a loroco
y a canela.
Más tarde
ya en La Habana
mientras almorzaba en el hotel
llegaban mensajeros
de tu parte
casi a diario me enviabas
alas de mariposa
apretadas de signos
y yo no fui capaz
de comprender.
Tropezaba contigo
en todas partes
empecé a juntar mitos
cosas que de veras te ocurrierion.
Como pétalos morados
las prensaba
entre las páginas
de un libro.

Deadly Leap

—to Eraclio Zepeda

It floated to the floor
spiraling down
I thought it was a feather
a dismembered butterfly wing.
It was only a scrap of paper
fluttering through my window
one of your notes
a ciphered message
I was unable
to decode.
From time to time the postman
delivered to me in Paris
your papers from Prague:
Cuzcatlecan recipes
smelling of *loroco*
and cinnamon.
Much later
in Havana
lunching in the hotel
your messengers came to me
almost everyday you sent me
butterfly wings
scribbled with signs
I couldn't understand.
I stumbled into you
everywhere
I began collecting myths
things that really happened to you.
I pressed them
like purple petals
between the pages
of a book:

Quedó allí el terremoto
que permitió que huyeras
de la cárcel
aquel golpe de estado
que te salvó la vida
la peligrosa aventura
con tu hermana.
Poco a poco
empecé a comprender
empecé a descifrar
tus jeroglíficos
me invitabas al baile
y acepté aturdida
bailamos en La Habana
en México
en Chalchuapa
por laberintos de hojas
me llevabas
vertiginosamente subíamos
bajábamos
fue siempre el mismo paso
como un acto de amor
el mismo paso
¿lo soñe?
¿me soñaste?
Desperté con tu muerte
rozándome los labios
entre las asombradas yemas
de mis dedos
empezaron a deshacerse
tu papeles
se me iban apagando
se esfumaban.

the earthquake that let you
slip out of prison
is there
the coup d'etat
that saved your life
the hair's breadth adventure
with your sister.
Little by little
I began to understand
began deciphering
your hieroglyphs
you invited me to dance
stunned I accepted
we danced in Havana
in Mexico
in Chalchuapa
you led me
through labyrinths of leaves
we'd soar and drop
dizzily
it was always the same step
like an act of love
the same step.
Did I dream it
did you dream me?
I awoke with your death
brushing my lips
your papers began to crumble
between my astonished fingertips
their characters faded
vanished.

Nunca bailamos Roque
ni siquiera nos miramos
a los ojos
sin embargo quizás
(Hsuang Tsu soñó a la mariposa
¿o fue a la inversa?)
no recuerdo si en México
o en Praga
mientras bebías cerveza
en la taberna
le contaste a Eraclio
que habíamos bailado
que te enseñé ese paso
ese salto mortal.

We never danced, Roque,
never looked
into each other's eyes
but still perhaps
(Hsuang Tsu dreamt the butterfly
or was it the other way around?)
I can't remember if in Mexico
or in Prague
while drinking beer
you told Eraclio
we had danced
that I showed you that step
that deadly mortal leap.

La Ceiba

¿Como era aquella ceiba
aquella frente al parque
con la que tengo cita?
Como techo de sombra
la recuerdo
como pilar gigante
que sostenía el cielo
como centinela
de mi infancia.
Bajo sus gruesas ramas
que son troncos
reposaban las vendedoras
ambulantes
correteaban los niños
y los perros
hacía un alto el aire
y nos miraba.
Han sido largas
mis ausencias
innumerables
largas
pero nunca pesaron
como ahora.
Debo volver aún
la última estación
es siempre más penosa
se acumula el cansancio
nos desgaja.
¿Cómo era aquella ceiba?
adivino tu mapa
en su follaje
el círculo está abierto
debo volver aún

The Ceiba

How was my ceiba tree
the one facing the park
the one I promised to return to?
I remember it
as a shadowed roof
a gigantic pillar
holding up the sky
as the sentinel
of my childhood.
Beneath its branches
thick as trunks
the street vendors
rested
children and dogs
played tag
the air paused
to watch us.
My absences
have been lengthy
innumerable
lengthy
but they never weighed on me
like now.
I must go back once more
the final station
is always the hardest
weariness accumulates
cuts us to pieces.
How was my ceiba tree?
I can discern your map
in its foliage
the circle is open
I must go back once more

para cerrarlo
es ancho el tronco
de le ceiba
no se puede ceñir
en un abrazo
varios viajes he hecho
alrededor
varios círculos lentos.
Me prohiben volver.
Fuerzas hostiles
me prohiben.
Sólo un último círculo
para cumplir el rito
sólo una vuelta más
para llegar a mi kaaba
y sentarme en el parque
a contemplar.

to close it
the trunk of the ceiba
is thick
cannot be encircled
with an embrace
I have made many trips
around it
many slow circles.
They won't let me return.
Hostile forces
forbid it.
Just one last circle
to close the ritual
one last return
to arrive at my kaaba
and sit in the park
to contemplate it.

La mujer del Río Sumpul

Ven conmigo
subamos al volcán
para llegar al cráter
hay que romper la niebla
allí adentro
en el cráter
burbujea la historia:
Atlacatl
Alvarado
Morazán
y Martí
y todo ese gran pueblo
que hoy apuesta.
Desciende por las nubes
hacia el juego de verdes
que cintila:
los amates
la ceiba
el cafetal
mira los zopilotes
esperando el festín.
"Yo estuve mucho rato
en el chorro del río"
explica la mujer
"un niño de cinco años
me pedía salir.
Cuando llegó el ejército
haciendo la barbarie
nosotros tratamos de arrancar
Fue el catorce de mayo
cuando empezamos a correr.
Tres hijos me mataron
en la huida
al hombre mío
se lo llevaron amarrado."

The Woman of the Sumpul River

Come with me
let us climb the volcano
to reach the crater
we have to break through the fog
history is bubbling there:
Atlacatl
Alvarado
Morazán
and Martí
and all this great people
gambling with death.
Come down through the clouds
toward the play of greens
that scintillates:
amate trees
ceibas
coffee groves
look at the buzzards
awaiting their feast.
"I was hiding in the river
for a long time,"
explains the woman
"a five-year-old boy
asked me to help him climb out.
When the army moved in
shooting everything up
we tried to get away.
It was the fourteenth of May
when we started running.
They killed three of my children
in the escape
they took my man away
with his thumbs tied."

Por ellos llora la mujer
llora en silencio
con su hijo menor
entre los brazos.
"Cuando llegaron los soldados
yo me hacía la muerta
tenía miedo que mi cipote
empezara a llorar
y lo mataran."
Consuela en susurros
a su niño
lo arrulla con su llanto
arranca hojas de un árbol
y le dice:
mira hacia el sol
por esta hoja
y el niño sonríe
y ella le cubre el rostro
de hojas
para que él no llore
para que vea el mundo
a través de las hojas
y no llore
mientras pasan los guardias
rastreando.
Cayó herida
entre dos peñas
junto al río Sumpul
allí quedó botada
con el niño que quiere
salir del agua
y con el suyo.
Las hormigas le suben
por las piernas
le tapa las piernas

The woman is weeping for them
weeping in silence
with her youngest son
in her arms.
"When the soldiers came
I played dead
I was afraid my baby
would begin to cry
and they would kill him."
She consoles her baby
in whispers
she lulls him with her tears
she strips leaves from a tree
and she tells him:
look at the sun
through this leaf
and the baby smiles
and she covers his face with leaves
so he won't cry
so he will see the world
through the leaves and won't cry
while the soldiers go past
mopping up.
She fell wounded
between two rocks
beside the Sumpul river
she lay there
with her baby
next to the boy
who wants to get out
of the water.
The ants crawl
over his legs
and she covers his legs

con más hojas
y su niño sonríe
y el otro callado
la contempla
ha visto a los guardias
y no se atreve a hablar
a preguntar.
La mujer junto al río
esperaba la muerte
no la vieron los guardias
y pasaron de largo
los niños no lloraron
fue la Virgen del Carmen
se repite en silencio
un zopilote arriba
hace círculos lentos
lo mira la mujer
y lo miran los niños
el zopilote baja
y no los ve
es la Virgen del Carmen
repite la mujer
el zopilote vuela
frente a ellos
con su carga de cohetes
y los niños lo miran
y sonríen
da dos vueltas
tres vueltas
y empieza a subir
me ha salvado la Virgen
exclama la mujer
y se cubre la herida
con más hojas
se ha vuelto transparente

with more leaves
and her baby smiles
and the other is quiet
and watches her
he has seen the soldiers
and he doesn't dare speak
or ask questions.
The woman awaits death by the river.
The soldiers didn't see her
and they passed by
the children didn't cry
it was the Virgin of Carmen
she repeats silently
a buzzard circles above them
makes slow circles
the woman watches it
and the children watch it
the buzzard comes lower
and doesn't see them
it's the Virgin of Carmen
the woman repeats
the buzzard flies
around them
with its cargo of rockets
and the children watch it
and they smile
it makes two circles
three circles
and begins to climb
the Virgin has saved me
the woman exclaims
and she covers her wound
with more leaves
she has turned transparent

se confunde su cuerpo
con la tierra
y las hojas
es la tierra
es el agua
es el planeta
la madre tierra
húmeda
rezumando ternura
la madre tierra herida
mira esa grieta honda
que se le abre
la herida está sangrando
lanza lava el volcán
una lava rabiosa
amasada con sangre
se ha convertido en lava
nuestra historia
en pueblo incandescente
que se confunde con la tierra
en guerrilleros invisibles
que bajan en cascadas
transparentes
los guardias
no los ven
ni los ven los pilotos
que calculan los muertos
ni el estratega yanqui
que confía en sus zopilotes
artillados
ni los cinco cadáveres
de lentes ahumados
que gobiernan.

her body mingling with the earth
and the leaves
is the earth
is the water
is the planet
mother earth
soaking wet
oozing tenderness
wounded mother earth
look at that deep fissure
that gapes open
the wound is bleeding
the volcano spews lava
a raging lava
mingled with blood
our history
has turned into lava
into an incandescent people
mingling with the earth
into invisible *guerrilleros*
who flow downward
in transparent cascades
the soldiers
don't see them
nor do the pilots
who count the dead
nor the Yankee strategist
who trusts in his gunship buzzards
nor the five mummies
in dark glasses
who govern.

Son ciegos a la lava
al pueblo incandescente
a los guerrilleros disfrazados
de ancianos centinelas
y de niños correo
de responsables de tugurios
de seguridad
de curas conductores
de cuadros clandestinos
de pordioseros sucios
sentados en las gradas
de la iglesia
que vigilan la guardia.
La mujer de Sumpul
está allí con sus niños
uno duerme en sus brazos
y el otro camina.
Cuénteme lo que vio
le dice el periodista.
"Yo estuve mucho rato
en el chorro del río."

They are blind to the lava
to the incandescent people
to the *guerrilleros* disguised
as ancient sentinels
and child messengers
as security wardens
in slum districts
as priests who lead
clandestine groups
as grubby beggars
sitting on the church steps
to keep an eye on the soldiers.
The woman of Sumpul
is there with her children
one sleeps in her arms
and the other walks beside her.
Tell me what you saw
the reporter says.
"I was hiding in the river
for a long time."

Tamalitos de Cambray

(receta para 5,000,000 de tamalitos)
—a Eduardo y Helena que me pidieron
una receta salvadoreña

Dos libras de masa de mestizo
media libra de lomo gachupín
cocido y bien picado
una cajita de pasas beata
dos cucharadas de leche de Malinche
una taza de agua bien rabiosa
un sofrito con cascos de conquistadores
tres cebollas jesuitas
una bolsita de oro multinacional
dos dientes de dragón
una zanahoria presidencial
dos cucharadas de alcahuetes
manteca de indios de Panchimalco
dos tomates ministeriales
media taza de azúcar televisora
dos gotas de lava del volcán
siete hojas de pito
(no seas malpensado es somnífero)
lo pones todo a cocer
a fuego lento
por quinientos años
y verás qué sabor.

Little Cambray Tamales

(makes 5,000,000 little tamales)
—for Eduardo and Helena who asked me
for a Salvadoran recipe

Two pounds of mestizo cornmeal
half a pound of loin of *gachupin*
cooked and finely chopped
a box of pious raisins
two tablespoons of Malinche milk
one cup of enraged water
a fry of conquistador helmets
three Jesuit onions
a small bag of multinational gold
two dragon's teeth
one presidential carrot
two tablespoons of pimps
lard of Panchimalco Indians
two ministerial tomatoes
a half cup of television sugar
two drops of volcanic lava
seven leaves of *pito*
(don't be dirty-minded, it's a soporific)
put everything to boil
over a slow fire
for five hundred years
and you'll see how tasty it is.

The American Way of Life

Aturdida acepté
la invitación
esa otra yo casi olvidada
ofreciéndome retazos del pasado
del presente
me tragó California
su hipnótica maraña
de autopistas
cruzándose
enlazándose
perdiéndose en el tufo
del smog.
¿Lo habías olvidado?
me pregunta
the American way of life
desde el avión que cruza la bahía
telerañas flotantes
arqueándose entre Berkeley
y San Francisco
me condujo al Santuario
me presentó
a "los eternos indocumentados
mis compatriotas"
transparentes se deslizan
por Mission Heights
y a veces por las tardes
se dan cita en casas de inseguridad
y desde allí contemplan
las mariposas acuáticas
de los *Yuppies*
dando vueltas
alrededor de Alcatraz
trescientos por semana
trescientos indocumentados
devueltos a la muerte
por la Migra.

The American Way of Life

Bewildered I accepted
the invitation
that other I nearly forgot
offering me fragments of the past
of the present
California swallowed me
its hypnotic tangle
of freeways
crisscrossing
interlocking
vanishing in the stench
of smog.
Had you forgotten
she asks me
the American way of life?
From the plane crossing the bay
floating spiderwebs
arch between Berkeley
and San Francisco
she took me to the Sanctuary
presented me to
the "eternally undocumented,
my compatriots."
Transparent they slide
through Mission Heights
and sometimes in the afternoons
they meet in unsafe houses
and contemplate
the aquatic butterflies
of the yuppies
skimming in circles
around Alcatraz.
Three hundred a week
three hundred undocumented
returned to their deaths
by the Migra.

Subí en Berkeley las gradas
que llevan al Campanil
de súbito
entre los árboles académicos
entre los rugosos árboles
que contemplan adustos
el recinto
un festivo toque de anarquía
estandartes y pintas
haciéndole guiños a los claustros
jóvenes de barbas ralas
en andrajos
sentados sobre sus sacos de dormir
el chillido estridente
de un altoparlante
barato
desafiando a los dinosaurios
del sistema
la muchacha judía
solidaria con los negros
del Africa del Sur
mientras la otra
la palestina
exige para su pueblo
el derecho a la patria
y los dos sabían
y yo también sabía
entre los muros del Jericó
hierático
Josués vestidos en blue jeans
tocaban las trompetas
y temblaron los muros
y se estremecieron
los decanos

I climbed the steps at Berkeley
leading to the Campanile
suddenly
amid the groves of academe
between the corrugated trees
that frown down
on the campus
a festive touch of anarchy
banners and slogans
mocking the cloisters
boys in scraggly beards
dressed in rags
lounging on their sleeping bags
the strident squawk
of a cheap PA system
defying the dinosaurs
of the Establishment
the Jewish girl
in solidarity with the blacks
of South Africa
while the other
her Palestinian rival
demanded a homeland
for her people
and they both knew
and I also knew
amid the sacred walls
of Jericho
Joshuas dressed in blue jeans
sounded their trumpets
and the walls shuddered
and the deans trembled

y una muchacha rubia
daba vueltas en círculos estrechos
con los ojos cerrados
en los años sesenta
lo hacíamos con flores
con ácido y con flores
de nuevo hacia Los Angeles
hacia las paradisíacas playas
de Santa Bárbara
pasando por Big Sur
y Santa Cruz
ten cuidado
me advierte
hay alquitrán
una larga fila de plataformas
petrolíferas
hundiéndose en el horizonte
pegajosos regueros de alquitrán
atrapando los pájaros
los pies
y hay que liberarse
de los pájaros muertos
¿quién va a barrer la playa
quién los va a sepultar?
cucarachean la humanidad
los nuevos robots pensantes
quieren volvernos cucarachas
en Los Angeles del Este
frente a los portones encadenados de Bethlehem Steel
los metalúrgicos sin empleo
merodean
de pronto sus vidas tan vacías
como las ventanas rotas
tan infranqueables
como los portones de Belén.

and a blonde girl
spun in tight circles
with her eyes closed
in the sixties
we did it with flowers
with acid and with flowers.
Heading for Los Angeles again
toward the Edenic beaches
of Santa Barbara
by way of Santa Cruz
and Big Sur
be careful
she warns me
they're full of tar
a long line
of drilling platforms
stretching to the horizon
sticky furrows of tar
trapping birds
staining bare feet.
and they have to get rid
of the dead birds.
Who's going to vacuum the beach?
Who's going to bury them?
They're cockroaching humanity
the new thinking robots
want to cockroach us.
In east Los Angeles
before the chained gates of Bethlehem Steel
the jobless steelworkers
walk back and forth
their lives suddenly as empty
as the eyeless windows
as insurmountable
as the gates of Bethlehem.

77

La municipalidad les ofrece
un plato de sopa
Washington
una trabajadora social
que los exhorta
a escribir poemas
a formar grupos teatrales
de terapia
que les permita
vomitar su desamparo.
En un viaje relámpago
volamos hacia Gettysburg
hablamos de las borracheras
del General Grant
del caballeroso Lee
rótulos luminosos
apuntando a la granja
del General Eisenhower
y recordé Guatemala
y recordé también
Playa Girón.
Por último New York
se volvió el paisaje portentoso
rascacielos de acero
y de vidrio ahumado
las voluptuosas curvas de los rascacielos
eran fálicos antes
ahora hay rascacielos curvilíneos
rascacielos coquetos
pero siempre de acero
y de vidrio ahumado
un africano
arrastra por la acera
su carretilla con ídolos tribales
con simulacros de ídolos tribales

City Hall offers them
a bowl of soup
Washington
a social worker
who urges them
to write poems
to put on
group therapy plays
so they can vomit up
their helplessness.
In a lightning trip
we fly to Gettysburg
we talk of the drunken sprees
of General Grant
of the gentlemanly Lee
neon signs
mark the way
to General Eisenhower's farm
and I remember Guatemala
and I also remember
the Bay of Pigs.
Finally New York
the landscape grows portentous
skyscrapers of steel
and dark glass
skyscrapers with voluptuous curves
they used to be phallic symbols
now they have curvaceous skyscrapers
coquettish skyscrapers
but they're still built of steel
and dark glass.
Down the sidewalk an African
drags his cart
filled with tribal idols
with simulated tribal idols

su amigo va detrás
y toca el bongo
dos muchachos
de piel también oscura
desafían New York
con sus Walkman
se juegan la vida
en sus patines
sordos a los ruidos
de New York
esquivando en zig zag
los tiburones de metal
cucarachean la humanidad
en Rockefeller Center
recordé a Sonja Henie
volaba también en sus patines
mientras la vieja
en Harlem
arrodillada en los escombros
desmantelaba su tienda
de plástico
la metía en su bolso
y abajo
en el Village
una muchacha pelirroja
traje blanco de ballet
zapatillas de raso
sollozaba sentada
en el asfalto
la frente apoyada
en el parachoques
de un auto último modelo
y la gente pasaba
y apenas la miraba
y yo también pasé

his friend trails behind
beating on a bongo
two boys
also dark-skinned
defy New York
with their Walkmans
risking their lives
on their skateboards
deaf to the din
of New York
dodging and zigzagging
amid the sharks
with chrome teeth
they're cockroaching humanity
in Rockefeller Center
I remember Sonja Henie
she also flew on her skates
while the old lady in Harlem
kneeling in the rubble
dismantles her plastic tent
and stuffs it
in her shopping bag
and downtown
in the Village
a redhead
in a white tutu
and toe shoes
sobs on the asphalt
her head resting
on the bumper
of a brand new car
and people pass by
with scarcely a glance
and I pass by as well

81

no me detuve
de nuevo rascacielos
un deportivo Porsche
proclamando en sus placas
el I-LUV-ME de los *yuppies*
the American way of life
escaparates con libros
y con trajes
galerías de arte
joyerías
ebria de sangre la ramera
diadema de rubíes
y oliendo a drug store
masca salvadoreños
como si fueran chicle
nicragüenses masca
en su trono escarlata
libaneses
chicanos
chicle
chicle
chicanos
sus becerros de oro
computando las guerras
las ganancias son cifras
y son cifras los muertos
y la guerra se alarga
esa guerra sin fin
que ya empezó a subir
a las galaxias
y habrá lluvia de fuego
y de cenizas
y caerán sobre la tierra
las estrellas.

and don't stop
then more skyscrapers
a Porsche
its yuppie plates proclaiming
I-LUV-ME
the American way of life
shop windows with books
with dresses
art galleries
jewelry stores
the bitch is drunk with blood
with her diadem of rubies
and her drugstore stink
she chews Salvadorans
as if they were Chiclets
chews up Nicaraguans
on her scarlet throne
Lebanese
Chicanos
Chiclets
Chiclets
Chicanos
her golden calves
cost-analyzing wars
her profits are ciphers
and the dead are ciphers
and the war drags on
that endless war
that already reaches
for the stars
and there'll be a rain of fire
and ashes
and the stars shall fall
upon the earth.

Heridos de muerte

Al despertar
esta mañana
supe que estabas
herido de muerte
que yo también lo estaba
que están contados nuestros días
nuestras noches
que alguien los contó
sin contar con nosotros
que más que nunca
era preciso amarte
que me amaras.
Aspiré tu fragancia
te contemplé dormido
recorrí tu piel
con la yema de mis dedos
recordé a los amigos
que cumplieron su cuota
y están al otro lado:
el que murió
de muerte natural
el que cayó en combate
aquel que torturaron
en la cárcel
y echaba a patadas
a su muerte.
Rocé tu tibieza
con mis labios:
heridos de muerte
amor
quizás mañana
y te amé más que nunca
y tú también me amaste.

Mortally Wounded

When I woke up
this morning
I knew you were
mortally wounded
that I was too
that our days were numbered
our nights
that someone had counted them
without letting us know
that more than ever
I had to love you
you had to love me.
I inhaled your fragrance
I watched you sleeping
I ran the tips of my fingers
over your skin
remembered the friends
whose quotas were filled
and are on the other side:
the one who died
a natural death
the one who fell in combat
the one they tortured
in jail
who kicked aside his death.
I brushed your warmth
with my lips:
mortally wounded
my love
perhaps tomorrow
and I loved you more than ever
and you loved me as well.

Desilusión

Ametrallé turistas
por la liberación
de Palestina.
Massacré católicos
por la independencia de Irlanda.
Envenené aborígenes
en las selvas amazónicas
para abrirles paso
a la urbanización
y al progreso.
Asesiné a Sandino
a Jesús
a Martí.
Exterminé Mylai
para bien de la democracia.
De nada me ha servido:
a pesar de todos mis esfuerzos
el mundo sigue igual.

Disillusionment

I machine-gunned tourists
for the liberation
of Palestine.
I massacred Catholics
for the independence of Ireland.
I poisoned aborigines
in the Amazon jungles
to open the way
for urbanization
and progress.
I assassinated Sandino
Jesus
and Martí.
I exterminated Mylai
in the name of democracy.
Nothing has done any good:
despite all my efforts
the world goes on just the same.

Contabilizando

En los sesenta y tres años
que he vivido
hay algunos eléctricos instantes:
la alegría de mis pies
brincando charcos
seis horas en Machu Pichu
el zumbido del teléfono
mientras esperaba la muerte de mi madre
los diez minutos necesarios
para perder la virginidad
la voz ronca
anunciándome el asesinato
de Monseñor Romero
quince minutos en Delft
el primer llanto de mi hija
no sé cuántos años soñando
con la liberación de mi pueblo
algunas muertes inmortales
los ojos de aquel niño desnutrido
tus ojos cubriéndome de amor
una tarde nomeolvides
y en esta hora húmeda
las ganas de plasmarme
en un verso
en un grito
en una espuma.

Summing Up

In the sixty-three years
I have lived
some instants are electric:
the happiness of my feet
jumping puddles
six hours in Macchu Picchu
the buzzing of the telephone
while awaiting my mother's death
the ten minutes it took
to lose my virginity
the hoarse voice
announcing the assassination
of Archbishop Romero
fifteen minutes in Delft
the first wail of my daughter
I don't know how many years yearning
for the liberation of my people
certain immortal deaths
the eyes of that starving child
your eyes bathing me in love
one forget-me-not afternoon
and in this rainy hour
the desire to mold myself
into a verse
a cry
a fleck of foam.

El regreso

¿Cómo será el regreso?
Mis padres no estarán
no subiré con ellos
a recoger orquídeas
al volcán.
El jazmín no estará
ni la araucaria.
Tampoco habrá un cuartel
frente a mi casa
ni habrá niños paseando
su miseria
ni fortezas de lata
y de cartón.
Nunca he visto la tumba
de mi madre
junto a ella
mi infancia
mi primer semillero
de recuerdos
mi vínculo arco iris
que se enciende
se apaga
echa raíces
vuela
se me puebla de pájaros.
Eran tiempos de paz
aquellos tiempos
de somnolencia
y paz.
Hoy es tiempo de guerra
de pasos hacia arriba
de amor que engendra sueños
y golpea.

The Return

How will the return be?
My parents won't be there
I won't climb the volcano
with them
to gather orchids.
The jasmine won't be there
nor the *araucaria*.
Nor will there be a fortress
in front of my house
nor children
flaunting their misery
nor mud shanties
with tin roofs.
I have never seen
my mother's tomb
my childhood
next to her
my first seedbed
of memories
my rainbow arch
glowing
dimming
sinking roots
soaring
peopling me with birds.
They were times of peace
those years
of somnolence
and peace.
Now is a time of war
of steps leading upward
of love that seeds dreams
and shakes one.

Me obsesiona el regreso
por la rendija abierta
pasan rostros volando.
Otra vez habrá paz
pero distinta.
Se enciende el arco iris
tira de mí
con fuerza
no aquella paz inerme
de ojos mortecinos
será una paz rebelde
contagiosa
una paz que abre surcos
y apunta a las estrellas.
Estalla el arco iris
todo el cielo es rendija
pergamino de sombras
que se enrolla
que nos invita a entrar
que nos deslumbra.
Regresemos amor
hasta el futuro.

Return obsesses me
faces fly by
through the open fissure.
Once more there'll be peace
but of a different kind.
The rainbow glimmers
tugs at me
forcefully
not that inert peace
of lifeless eyes
it will be a rebellious
contagious peace
a peace that opens furrows
and aims at the stars.
The rainbow shatters
the sky splits open
rolls up like a scroll
of shadows
invites us to enter
and be dazzled.
Come, love, let's return
to the future.

Notes

Roque Dalton was a Salvadoran poet, writer, and revolutionary militant who was assassinated in May 1975 by a militaristic faction of his own party while working in the clandestine underground in San Salvador.

Rodolfo Walsh was an Argentine writer and journalist who was "disappeared" by the Argentine military dictatorship in 1977 after publishing a letter of accusation directed to the military junta on their first anniversary of seizing power.

The Sumpul massacre took place in May 1980 when residents of the Chalatenango Department were bombarded and driven from their homes by Salvadoran armed forces during one of their periodic sweeps through guerrilla-controlled territory. Many of the fleeing refugees attempted to cross the Sumpul river into Honduras to escape the mopping-up operation. An estimated six hundred women, children, and elderly people were shot or drowned in the river crossing.

The Izalco volcano is a symbol to all Salvadorans. In constant eruption for two hundred years, it was known as "the lighthouse of the Pacific" until it became quiescent some twenty years ago. One of the most brutal massacres of peasants in the wake of the uprising of 1932 took place in the Indian village of Izalco, at the foot of the volcano.

About the Author

Claribel Alegría was born in Estelí, Nicaragua, in 1924, and she grew up in Santa Ana, El Salvador. In 1948 she received her B.A. in philosophy and letters at George Washington University. She has published ten volumes of poetry, five novels, and a book of children's stories. In collaboration with her husband, the American writer Darwin J. Flakoll, she has published another novel, several books of testimony and contemporary Latin American history, as well as several anthologies. In 1978 her book of poems, *Sobrevivo*, won the Casa de las Americas Prize of Cuba. During the past thirty-five years she has lived in various Latin American and European countries. In recent years, she and her husband have divided their time between Mallorca, Spain, and Managua, Nicaragua.

PITT POETRY SERIES

Ed Ochester, General Editor

Archibald MacLeish, *The Great American Fourth of July Parade*
Peter Meinke, *Night Watch on the Chesapeake*
Peter Meinke, *Trying to Surprise God*
Judith Minty, *In the Presence of Mothers*
Carol Muske, *Wyndmere*
Leonard Nathan, *Carrying On: New & Selected Poems*
Leonard Nathan, *Holding Patterns*
Kathleen Norris, *The Middle of the World*
Sharon Olds, *Satan Says*
Alicia Ostriker, *The Imaginary Lover*
Greg Pape, *Border Crossings*
James Reiss, *Express*
David Rivard, *Torque*
William Pitt Root, *Faultdancing*
Liz Rosenberg, *The Fire Music*
Richard Shelton, *Selected Poems, 1969-1981*
Peggy Shumaker, *The Circle of Totems*
Arthur Smith, *Elegy on Independence Day*
Gary Soto, *Black Hair*
Gary Soto, *The Elements of San Joaquin*
Gary Soto, *The Tale of Sunlight*
Gary Soto, *Where Sparrows Work Hard*
Tomas Tranströmer, *Windows & Stones: Selected Poems*
Chase Twichell, *Northern Spy*
Chase Twichell, *The Odds*
Leslie Ullman, *Dreams by No One's Daughter*
Constance Urdang, *Only the World*
Ronald Wallace, *People and Dog in the Sun*
Ronald Wallace, *Tunes for Bears to Dance To*
Cary Waterman, *The Salamander Migration and Other Poems*
Bruce Weigl, *A Romance*
Robley Wilson, Jr., *Kingdoms of the Ordinary*
David Wojahn, *Glassworks*
Paul Zimmer, *Family Reunion: Selected and New Poems*